ALINA POM

Mut & KRAFT

KLEINE ANLEITUNG
FÜR EIN GUTES LEBEN

Inhalt

Strategien für mehr Mut & Kraft

Habe den Mut,
stark zu sein.

———·———

TEIL 1

Mut & Kraft

Mut ist eine Entscheidung

Mut und innere Kraft sind der Ausgangspunkt für alles, was wir uns im Leben erträumen: Erfolg, Karriere, Beziehungen und ein glückliches Leben. Mit Mut verbinden wir innere Stärke und Selbstbewusstsein. Mutige Entscheidungen und Handlungen helfen uns, Ziele zu erreichen und neue Visionen zu verfolgen.

Woher kommt dieser Antrieb, etwas zu wagen, und die Kraft, Vorhaben umzusetzen? Warum haben manche Menschen mehr Mut und die anderen weniger?

Oft warten wir darauf, dass jemand uns anfeuert und erst dann trauen wir uns mutig zu sein. Manchmal glauben wir nicht an uns und unsere Fähigkeiten, wenn andere nicht an uns glauben.

Wäre es möglich, dem inneren Selbstzweifel weniger Gehör zu schenken und das Selbstvertrauen zu stärken, um diesen Kreislauf zu durchbrechen?

In diesem Buch lernst du, wie du auch ohne den Zuspruch anderer mehr Mut und Selbstvertrauen gewinnen kannst.

Ich hoffe, dass du am Ende dieses Buches, die ersten Schritte in Richtung deiner Visionen und Träume wagst.

So nutzt du dieses Buch:

DEIN KRAFTORT

Richte bei dir zu Hause deinen
Kraftort ein, an dem du
ungestört sein kannst, um
dich regelmäßig zu stärken.
Es kann ein Raum oder
dein Lieblingssessel sein, ein Ort,
an dem du dich wohl und
sicher fühlst. Definiere deinen
persönlichen Rückzugsort und
gestalte ihn nach deinen
Vorlieben. Vielleicht möchtest du
hier eine Duftkerze anzünden, ein
motivierendes Plakat aufhängen und
deinen Lieblingstee genießen.

JOURNALING:

Halte einen Stift und ein Notizheft
bereit, um deine Erkenntnisse und
Impulse festzuhalten.
Lasse dir zwischen den Kapiteln zwei
bis drei Tage Zeit, um die neuen
Inspirationen zu verinnerlichen und in
deinen Alltag zu integrieren.

REGELMÄSSIG KRAFT TANKEN

In dem hektischen Alltag und mit
einem vollen Kalender kann die regelmäßige
Anwendung in Vergessenheit geraten.
Plane dir feste Tage und Uhrzeiten ein,
um dir etwas Zeit für dich selbst zu nehmen.
Priorisiere dein mentales Wohlergehen
in deiner Tagesplanung, damit es nicht
im Alltag untergeht.

Achte darauf, dranzubleiben und dir
regelmäßig Zeit zu nehmen, um Lebenskraft
zu tanken und deinen „Mutmuskel"
zu trainieren.

Was Mut nicht ist

Um besser zu verstehen, was Mut ist, ist es hilfreich zu betrachten, was er nicht ist.

Mutig und stark zu sein, bedeutet nicht, alle Ängste zu ignorieren und sich in riskante Abenteuer zu stürzen. Denn Angst hat eine beschützende Funktion und hält dich von Gefahren fern.

Mut und Angst schließen sich nicht immer aus. Es ist ein Mythos, dass mutige Menschen keine Angst haben. Auch sie empfinden Angstgefühle und hegen Zweifel. Was sie von weniger mutigen Menschen unterscheidet, ist ihre innere Kraft, daran zu wachsen und vorwärtszugehen.

Selbstvertrauen

Viele befürchten, dass sie mit einem starken Selbstvertrauen arrogant oder narzisstisch wirken könnten oder zu viel Raum einnehmen. In Wirklichkeit führt ein ausgeprägtes Selbstvertrauen dazu, dass wir weniger selbstbezogen sind und nicht immer im Mittelpunkt stehen müssen.

Wenn du aufhörst, dir Sorgen zu machen, wie du wirkst und was andere von dir halten, wirst du dich für andere aus tiefstem Herzen interessieren. Denn an diesem Punkt weißt du einfach, dass du niemanden mehr von dir selbst überzeugen musst oder Anerkennung von außen benötigst.

Selbstvertrauen ist das Spiegelbild deines inneren Selbst, der Glaube an deine Fähigkeiten und Kenntnisse. Stärke dein Selbstvertrauen und du wirst mehr Mut und Kraft in deinem Leben erfahren.

Erfolg entsteht, wenn
du dir selbst erlaubst,
etwas zu wagen,
während der Rest
der Welt an dir
zweifelt.

Selbstwertgefühl

Während das Selbstvertrauen im Alltag schwankend ist und von der Situation und deinen Fähigkeiten abhängt, ist das Selbstwertgefühl die feste Basis, auf der deine innere Kraft aufbaut.

Dein Selbstwertgefühl ist dein Eigenbild. Es spiegelt deine Überzeugung wider, was und wie viel dir im Leben zusteht, deine eigene Wahrnehmmung dessen, ob du es wert bist, dass bestimmte Dinge oder Erfahrungen in deinem Leben eintreten oder nicht.

Je mehr du dein Selbstwertgefühl stärkst, desto größer wird dein Selbstvertrauen – und umgekehrt.

Starkes Selbstwertgefühl und ausgeprägtes Selbstvertrauen haben einen Einfluss auf deine Antriebskraft, deinen Mut und deine Motivation. Denn je weniger Ängste und Zweifel du hegst, desto mehr Kraft spürst du in deinem Leben.

Ein gesundes Selbstwertgefühl stärkt deine Resilienz. Das bedeutet, dass du mit Rückschlägen und Hindernissen besser umgehen und innere Ruhe bewahren kannst.

Wenn du dich selbst annimmst, wie du wirklich bist, wirst du deine Stärken sowie Schwächen besser erkennen können und mehr Selbstsicherheit gewinnen.

Du wirst deine Erfolge bewusster wahrnehmen und dir erlauben, dich dafür zu feiern. Zudem wirst du deine Entscheidungen freier und sicherer treffen können, und zwar so, dass sie im Einklang mit dir selbst und deinen Werten sowie deinen Prinzipien stehen.

Folgen eines größeren Selbstwertgefühls

MOTIVATIONSSTEIGERUNG

RESILIENZ

SELBSTAKZEPTANZ

INNERE RUHE

SELBSTANERKENNUNG

SELBSTSICHERHEIT

UNABHÄNGIGKEIT

Übung

Beantworte folgende Fragen in deinem Notizheft

- *In welchen Situationen fühlst du dich mutig und stark? Wann bist du in deiner Kraft?*

- *In welchen Situationen möchtest du dein Selbstvertrauen stärken?*

- *Wenn du wüsstest, dass du nicht scheitern kannst, was würdest du tun?*

ANGST BEGINNT

IM KOPF,

MUT

AUCH.

Selbstrespekt

Selbstrespekt ist eng mit deinem Selbstwertgefühl verknüpft und zeigt sich in der Fähigkeit, zu deinen Überzeugungen und Prinzipien zu stehen. Sie geben deine persönliche Ausrichtung vor, wie du dich selbst siehst und von den anderen wahrgenommen werden möchtest.

Du kannst dir mehr Selbstrespekt entgegenbringen, wenn du deine persönlichen Werte definierst und sie lebst. Damit zeigst du, dass du dich selbst wichtig nimmst und dich wertschätzt. Gegen deine innere Haltung zu leben, führt zu Stress und Frust. In Übereinstimmung mit deinen Werten und Prinzipien zu leben, entfaltet in dir eine innere Kraft und Lebensfreude.

Selbstachtung ist eine bedeutende Komponente auf dem Weg zu höherem Selbstwertgefühl und solidem Selbstvertrauen. Sie stärkt dich von innen und gibt dir Kraft, zu dir selbst zu stehen.

Übung

**Beantworte folgende Fragen
in deinem Notizheft**

- *Welche Werte und Prinzipien sind dir
  besonders wichtig (z.B. Ehrlichkeit, Sicherheit,
  Qualität, Schönheit, Authentizität, Freiheit,
  Liebe, Effizienz usw.)?*

- *Wann hast du gegen deine Werte und
  Prinzipien gehandelt? Wie fühlte es sich an?*

- *Wann hast du nach deinen Werten und
  Prinzipien gehandelt? Wie fühlte es sich an?*

Mit jedem
neuen Tag kommen
neue Stärke und
neue Gedanken.

—— · ——

Du spiegelst dein Umfeld

Die Menschen um dich herum können dir dabei helfen, stärker zu werden, wenn du dich mit den richtigen Personen verbindest. Basierend auf der Spiegelneuronentheorie wirst du von deinem Umfeld bewusst und unbewusst beeinflusst. Wir übernehmen Verhaltensmuster, Ansichten und Denkweisen von Menschen, ohne dass es uns auffällt. Dieses Phänomen können wir nicht ab- oder anschalten, wann es uns passt, aber wir können bewusst entscheiden, mit wem wir unsere Zeit verbringen.

Das richtige Umfeld wird dir helfen, deinen Selbstwert zu steigern und dein Selbstvertrauen zu stärken. Diese Strategie setzt auch voraus, dass du bereit bist, dich von toxischen Bindungen zu trennen und dich von einigen Personen zu distanzieren.

Wähle weise, mit wem du deine Zeit verbringst. Du triffst täglich die Entscheidung, ob du ein stärkendes oder ein schwächendes Umfeld wählst.

Umgibst du dich mit Menschen, die selbst mutig und stark sind, wirst du feststellen, dass du mit der Zeit ebenso neue Herausforderungen meistern kannst und du wirst viel kraftvoller durch das Leben gehen.

Höre den Unterschied

SELBSTZWEIFEL	SELBSTVERTRAUEN
Ich kann es nicht!	Ich schaffe es!
Das ist schwierig!	Eine interessante Herausforderung!
Ich könnte einen Fehler machen!	Aus Fehlern lerne ich!
Ich werde Kritik ernten!	Kritik ist nichts Persönliches!
Ich werde versagen!	Ich glaube an mich!

Übung

Beantworte folgende Fragen in deinem Notizheft

- *Welche Personen stärken deine Selbstzweifel oder Unsicherheit?*

- *Welche toxischen Bindungen möchtest du auflösen?*

- *Von wem bekommst du mentale oder emotionale Unterstützung?*

- *Mit wem fühlst du dich stark?*

- *Wer könnte in dir zusätzlichen Mut und Stärke hervorrufen?*

Selbstbild stärken

Im Laufe des Lebens sammeln wir Erfahrungen, die unsere Wahrnehmung und unser Selbstbild prägen. Auch das Selbstvertrauen und das Selbstwertgefühl beruhen auf den frühen Erlebnissen und den Menschen aus unserem Umfeld.

Wir neigen dazu, Lob und Kritik von außen zum inneren Selbstbild zu übernehmen. Die Worte und Sätze der anderen Menschen werden zu inneren Dialogen, die unser Selbstbild beeinflussen.

Zu reflektieren, wie dein Eigenbild entstanden ist und von wem es beeinflusst wurde, kann dir dabei helfen, eine neue, bessere und kraftvollere Version von dir zu erschaffen.

Wenn du den Einfluss deiner Vergangenheit verstehst, hast du die Kraft, deine Zukunft neu nach deinen persönlichen Werten und Prinzipien zu gestalten.

Höre deiner Stimme achtsam zu und beobachte, was sie dir sagt. Distanziere dich bewusst von negativen Gedanken und Selbstgesprächen.

Erinnere dich daran, dass du jederzeit damit beginnen kannst, schöne und liebevolle Worte zu dir selbst zu sagen. Den inneren Dialog positiv zu gestalten, wird dir helfen, dein Selbstbild zu stärken und dich aufzubauen.

Manchmal leiden
wir mehr an
unseren Gedanken
als an der
tatsächlichen
Realität.

Übung

Beantworte folgende Fragen in deinem Notizheft

- *Wofür und wie wurdest du in der Kindheit kritisiert?*

- *Wofür und wie wurdest du in der Kindheit gelobt?*

- *Was sagt dein innerer Dialog über dich? Was denkst du heute über dich selbst?*

Die Kunst der Selbstakzeptanz

Jeder hat Schwächen, macht Fehler und niemand ist perfekt. Was wir jedoch von den meisten Menschen wahrnehmen, ist die fehlerfreie, scheinbar makellose Seite. Kaum jemand möchte seine Schwächen zeigen. Das gibt uns das Gefühl, dass wir die einzigen sind, die nicht perfekt sind.

Selbstakzeptanz stärkt dich gegen Widerstand von außen. Durch die vollkommene Anerkennung all deiner Stärken und Schwächen entwickelst du eine innere Kraft. Die eigenen Imperfektionen anzuerkennen und zu lieben, stärkt deine Selbstsicherheit. Sie gibt dir Mut, dein wahres Ich anzunehmen und zu leben.

Mit dieser inneren Haltung wird es dir leichter fallen, deine Ziele zu verfolgen und persönlich zu wachsen.

Selbstakzeptanz bedeutet, dich heute so anzunehmen, wie du bist. Dich und deine Bedürfnisse zu respektieren, aber auch die eigenen Grenzen zu kennen und ein gesundes Selbstwertgefühl zu stärken.

Beginne heute damit, zu erkennen, dass du einzigartig bist und nicht perfekt sein musst.

Übung

Beantworte folgende Fragen in deinem Notizheft

- *In welchen Situationen steckst du deine eigenen Bedürfnisse zurück?*

- *Welche Schwächen möchtest du akzeptieren?*

- *Was macht dich besonders?*

- *Wie kannst du deine Andersartigkeit mehr schätzen und lieben?*

- *Welche Fähigkeiten möchtest du erweitern?*

Lass dir
deine Träume nicht
von jemanden ausreden,
der selbst keine hat.

——.——

Komfortzone

Die Komfortzone ist das Bequeme, das Bekannte, das Alte und vor allem das Gewohnte. Klingt für die meisten sehr angenehm. Warum sollte man etwas Bequemes aufgeben wollen? Hier weiß man, was man hat und was einen erwartet. Komfortzone ist aber auch das Gegenteil von Veränderung, Transformation und Wachstum. Sie steht für Stillstand. Wer zu lange hier bleibt, fängt an zu stagnieren.

Es ist sehr verführerisch und gemütlich, in der gewohnten Umgebung zu bleiben. Die Gefahr besteht darin, dass innerhalb der Komfortzone keine neuen Ziele oder Visionen erreicht werden können. Wenn du weiterhin dort bleibst, wo du bist, wirst du immer wieder die gleichen Ergebnisse erzielen und dies führt langfristig zu Unzufriedenheit.

Gleichzeitig haben viele Menschen Angst vor Veränderungen oder vor etwas Neuem.

All deine Träume und Wünsche liegen außerhalb deiner Komfortzone. Hinter dem gewohnten Territorium befinden sich auch Ängste und Selbstzweifel, die uns aufhalten, diese Grenze zu überschreiten.

Je öfter du deine Komfortzone verlässt, desto stärker und sicherer wirst du dich fühlen.

Übung

Beantworte folgende Fragen in deinem Notizheft

- *Beschreibe deine persönliche, individuelle Komfortzone.*

- *Was bedeutet für dich Wachstum?*

- *Welche Lebensbereiche möchtest du verbessern?*

- *Was beutetet es für dich konkret, deine Komfortzone verlassen zu müssen, um in diesen Lebensbereichen zu wachsen?*

Angst ist
nicht dein Feind.
Dein Feind ist deine
Komfortzone.

———·———

Vielleicht später

Ein Anzeichen, dass du zu lange in deiner Komfortzone geblieben bist und deinen Träumen nicht folgst, ist das Wort „später". Wir wollen alle erfolgreich sein und uns selbst verwirklichen, aber erst später. Unser Verstand lässt uns glauben, dass wir erst dazu fähig sind, wenn ein bestimmtes Ziel erreicht ist oder dass wir uns erst später die Zeit nehmen können, für die Dinge, die uns wichtig sind.

Hinter diesem Denken stecken die Ängste und Zweifel, die Komfortzone endlich zu verlassen und den wahren Träumen und Zielen zu folgen.

Wie oft hast du deine Träume, Visionen und Pläne auf später verschoben? Wie oft wurde aus einem „später" ein „niemals"?

Übung

**Beantworte folgende Fragen
in deinem Notizheft**

- *Was hast du in deinem Leben immer wieder
  auf „später" verschoben und bisher nicht
  realisiert?*

- *Was oder wer hat dich daran gehindert?*

- *Welche Ressourcen haben dir gefehlt?*

- *Wie könntest du dein Vorhaben realisieren?*

Angst zu scheitern

Wie macht man am schnellsten Fortschritte und lernt am meisten? Indem man etwas ausprobiert, einen Fehler nach dem anderen macht, daraus lernt und sich dadurch weiterentwickelt. Wachstum bedeutet nicht, nach dem ersten Versuch aufzugeben, sondern durch das Scheitern herauszufinden, wie etwas am besten funktioniert.

Fehler zu machen, ist menschlich. Dich darüber zu ärgern und dich dafür zu kritisieren, ist meistens unnötig. Denn dadurch entwickelst du eine Scheu, weitere Versuche zu wagen, um Fehler zu vermeiden.

Um diesen Kreislauf zu durchbrechen, solltest du Fehler annehmen und sie als eine Erfahrung betrachten, die dich auf lehrreichen Umwegen zu deinem Ziel führt.

Was du durch das
Erreichen deiner Ziele
erhältst, ist nicht
annähernd so wichtig
wie das, was du durch das
Erreichen dieser Ziele
wirst.

—— · ——

Versuch's noch mal

Hast du schon mal die Biografien erfolgreicher Menschen gelesen? Aus den Lebensgeschichten von Menschen wie Steve Jobs, Arnold Schwarzenegger, Albert Einstein, Walt Disney oder Warren Buffett geht hervor, dass sie zunächst mehrmals gescheitert sind, bevor sie erfolgreich wurden. Auch sie hatten Selbstzweifel, wollten aufgeben und es hat nicht alles sofort perfekt funktioniert.

Das Scheitern gehört zum Erfolg dazu. Es kommt letztlich nicht auf Perfektion an, sondern auf die Tatsache, dass du dranbleibst und versuchst, deine Träume und Visionen zu verwirklichen.

Jeder von uns kennt diese Momente, wenn das Aufgeben viel einfacher und vernünftiger erscheint, als vorwärtszugehen und weiterzumachen.

Auf deiner Reise wirst du immer wieder Herausforderungen und Selbstzweifel überwinden und dadurch wachsen dürfen. Begegne diesen Erfahrungen mit Offenheit und Verständnis für die Lektionen, die du dadurch lernen darfst. Genau dadurch stärkst du dein Selbstvertrauen und deinen Mut für den nächsten Versuch.

,,

Zweifel und Ängste
zerstören mehr Träume,
als Misserfolge es
jemals tun könnten.
Glaube an dich.

66

Übung

Beantworte folgende Fragen in deinem Notizheft

- *Welche Persönlichkeiten würdest du als mutig und stark bezeichnen?*

- *Woran erkennst du diese Eigenschaften?*

- *Was zeichnet diese Menschen aus?*

- *Wie können sie dich inspirieren?*

Folgen von
mehr
SELBSTvertrauen

✓ Du gewinnst Kontrolle über deine Gedanken, Fähigkeiten und Gefühle. Du steuerst bewusst dein Leben.

✓ Du nimmst dir Zeit und Energie für Dinge, die für dich wichtig sind.

✓ Du verwirklichst deine Ideen und Visionen. Du traust dich, deine Berufung zu leben.

✓ Du hast die Kraft und Motivation, dich zu entwickeln und weiter zu wachsen.

TEIL 2

Loslassen

Mut loszulassen

Warum fällt es uns schwer, etwas loszulassen, selbst wenn das Festhalten uns schadet?

Loslassen bedeutet auf mentaler Ebene zunächst Stress und Unsicherheit. Das ist ein überlebensnotwendiger Reflex. Wenn wir auf eine Leiter steigen, lassen wir auch erst eine Hand los, wenn wir uns mit der anderen festhalten können. Genauso funktioniert das Prinzip des Loslassens auf mentaler Ebene. Solange wir nichts haben, das uns Halt gibt und Sicherheit vermittelt, fällt es uns schwer, das Alte loszulassen.

Gleichzeitig verhindern wir aber durch das verkrampfte Festklammern unseren Fortschritt und stehen uns selbst im Weg.

Mutig SEIN
bedeutet:

✓ ... etwas zu wagen, was dich im Leben voranbringt, obwohl du das Ungewisse fürchtest.

✓ ... die Chancen und Risiken zu kennen und zu verstehen, dass du lernen darfst und nichts perfekt können musst.

✓ ... deinen inneren Kritiker und Ausreden besiegen, die dich in deiner Komfortzone festhalten wollen.

✓ ... bewusst handeln, obwohl du Angst hast.

Ins Handeln kommen

Wenn wir in Selbstzweifeln feststecken, vergessen wir dabei oft, dass es nur Gedanken sind. Von uns selbst erschaffen. Nichts weiter. Sie existieren nur in unserem Kopf.

**Die einzige Aufgabe der Ängste
und Zweifel ist es, dich aufzuhalten.**

Der Feind der Angst und der Selbstzweifel ist die Handlung. Denn jedes Mal, wenn du etwas gegen deine Ängste oder Zweifel unternimmst, übernimmst du die Kontrolle über sie, bis sie ganz verschwinden.

Dafür musst du nicht zum Bungee-Jumping. Am Anfang reichen viele kleine Schritte, die dein Selbstvertrauen fördern.

Um deine Selbstzweifel loszulassen, kannst du täglich deinen „Mutmuskel" trainieren. Durch die bewusste Überwindung stärkst du deinen „Mutmuskel". Je mehr du ihn trainierst, desto kräftiger wird er. Mit der Zeit lernst du, dir selbst mehr zuzutrauen und neue Erfahrungen zu wagen.

Übung

**Beantworte folgende Fragen
in deinem Notizheft**

- *An welcher deiner Eigenschaften oder
  Fähigkeiten zweifelst du am meisten?*

- *Wie könntest du hier mehr Wissen, Praxis oder
  Erfahrung sammeln, um dich selbstsicherer zu
  fühlen?*

- *Was würdest du als Erstes tun, wenn du diese
  Selbstzweifel nicht mehr hättest?*

WIR SOLLTEN

ÖFTERS

MUTAUSBRÜCHE

HABEN.

Du kannst!

Je mehr du dir selbst vertraust, desto erfolgreicher gehst du durch das Leben.

Angst hat eine schützende Funktion und sorgt dafür, dass wir vorsichtig sind und unnötige Gefahren meiden. Manchmal kann die Angst zu einem Hindernis werden, wenn sie deinen Zielen und Wünschen im Wege steht.

Die gute Nachricht ist, dein Selbstvertrauen ist formbar und du kannst einen direkten Einfluss darauf nehmen, um es zu stärken und positiv zu beeinflussen. Auch die ängstlichen Gedanken in deinem Kopf kannst du bewusst steuern und dich mit aufbauenden Gedanken ermutigen.

Der Glaube an dich selbst ist das Fundament für mehr Mut und Kraft in deinem Leben. Wenn du an dich glaubst, strahlst du ein natürliches Vertrauen aus, das auch dein Umfeld spürt und wahrnimmt. Dir selbst zu vertrauen und an dich zu glauben, erschafft einen Kraftort in dir selbst.

~~Es ist zu spät.~~
~~Ich kann das nicht.~~
~~Ich bin müde.~~
~~Das klappt nicht.~~
~~Es regnet.~~

MACHEN.

Übung

Beantworte folgende Fragen
in deinem Notizheft

- *Welche Möglichkeiten und Chancen hast du aufgrund deiner Ängste nicht ergriffen?*

- *Welche Chancen möchtest du ergreifen, wenn du mehr Mut dazu hättest?*

- *Auf welche Art und Weise schränken dich deine Ängste ein?*

- *Wovon möchtest du mehr im Leben wagen?*

Innerer Kritiker

Wir reden mit den anderen meistens nie so, wie wir mit uns selbst reden. Während wir zu unseren Freunden sagen: „Ach, das ist doch nicht so schlimm, du schaffst das!", kritisieren wir uns selbst viel zu oft.

Diese negativen Selbstgespräche haben einen schwächenden Einfluss auf unser Selbstbild. Hilfreich wäre es, wenn deine innere Stimme dich aufbaut, motiviert und stärkt. Du entscheidest, wie du mit dir sprichst.

Dein Selbstvertrauen ist gelernt und viele Jahre lang geformt worden. Jede Kritik von außen, stärkt den inneren Kritiker, wenn du die Worte zu nah an dich ran lässt.

Lasse den inneren Kritiker los. Erinnere dich bewusst daran, dass du ein guter Mensch bist. Du darfst, wie andere auch, Fehler machen, dich akzeptieren und liebevoll zu dir selbst sein.

Wenn die kritischen Stimmen fragen, wie weit du kommst, gehe so weit, dass du sie nicht mehr hören kannst.

Übung

Beantworte folgende Fragen in deinem Notizheft

- *In welchen Situationen neigst du dazu, dich zu kritisieren?*

- *Was sagt dir deine kritische Stimme genau?*

- *Was würdest du deinem/r besten Freund/in stattdessen sagen, wenn er/sie in der gleichen Situation wäre?*

Vergebung macht frei und stark

Solange wir in unseren Emotionen gefangen sind, können wir nicht klar sehen. Vergeben bedeutet nicht, etwas zu vergessen oder zu befürworten. Vielmehr geht es darum, mit dem Geschehenen abzuschließen und endgültig loszulassen. Vergeben heißt, innerlich, mit der Geschichte Frieden zu schließen.

Die Freiheit und die Stärke, die du dadurch erlangst, sind das größte Geschenk, das du dir selbst machen kannst.

Indem wir vergeben, werfen wir Ballast von der Seele. Es macht uns frei und stark. Frei von der Vergangenheit und stark für die Zukunft.

Manchmal müssen wir lernen, uns selbst zu vergeben und uns selbst von Schuldgefühlen zu befreien. Selbstvergebung wirkt befreiend und erleichternd. Sie wandelt das Eigenbild zur kraftvollen und starken Version.

Übung

Beantworte folgende Fragen in deinem Notizheft

- *Wem möchtest du heute vergeben, der dich verletzt hat?*

- *Was möchtest du dir selbst vergeben?*

- *Wovon würdest du dich durch die Vergebung befreien?*

VERGEBUNG
IST EINE
EIGENSCHAFT
der stärke.

Ausreden besiegen

Ausreden halten uns davon ab, das zu tun, was wir müssen oder möchten. Wenn wir etwas nicht tun wollen, finden wir immer Gründe.

Was steckt hinter all diesen Ausreden wirklich?

Wir nutzen sie, um uns unsere Ängste nicht einzugestehen zu müssen. Sie dienen als ein Versteck, um nicht mit möglichen Herausforderungen konfrontiert zu werden.

Wenn wir aufhören, uns herauszureden, erkennen wir Möglichkeiten und können die wildesten Träume verwirklichen.

Sei stärker
als deine
stärkste Ausrede

—— . ——

Mut braucht Energie

Der Treibstoff für Mut ist Energie. Du kannst nicht mutig und stark sein, wenn du müde und erschöpft bist. Mut erfordert Kraft für den Bereich außerhalb deiner Komfortzone. Nur wenn du diese Stärke in dir spürst, kannst du dich ins Ungewisse vorwagen.

Bevor du dir Gedanken machst, wie du mehr Energie haben kannst, ist es wichtig zu verstehen, welche Energiefresser dich aktuell aufhalten, in deine volle Kraft zu kommen.

Es gibt drei häufige Aspekte, die unsere Kraft verringern.

Vergleich

Wenn du deine Fähigkeiten oder dein Leben mit dem der anderen vergleichst, raubt dir das die Kraft.

Dich mit anderen zu vergleichen ist deshalb Zeit- und Energieverschwendung, weil jeder von uns einzigartig ist.

Höre auf, zu vergleichen. Es ist egal, wo du heute beruflich oder privat stehst, wie du aussiehst oder was du kannst. Jeder von uns hat unterschiedliche Prioritäten, Ziele, Aufgaben und Fähigkeiten.

Ja sagen

Wie oft sagst du „Ja" zu Verabredungen oder Aufgaben, obwohl du viel lieber etwas anderes machen möchtest? Du reduzierst deine Energie, wenn du versuchst andere zufriedenzustellen. Langfristig führt dieser Ansatz zu Frust und einem Gefühl der Leere.

Bevor du das nächste Mal „Ja" sagst, frage dich, ob du das wirklich willst. Folge deiner inneren Antwort und lerne auch mal „Nein" zu sagen.

schuldgefühl

Manchmal sind wir in Verpflichtungen gefangen, andere zu unterstützen oder ihnen einen Gefallen zu erweisen. Das Nichteinhalten der eigenen Versprechungen löst Schuldgefühle aus. Ein Schuldgefühl raubt dir nicht nur die mentale Energie, sondern auch die emotionale Kraft.

Vergewissere dich, dass du deine Entscheidungen und Handlungen nicht aus Schuldgefühlen oder aus der Angst heraus triffst, jemanden zu enttäuschen.

Je selbstbestimmter und bewusster du dein Leben führst, desto mehr kannst du die Menschen um dich herum unterstützen.

Übung

Beantworte folgende Fragen in deinem Notizheft

- *In welchen Lebensbereichen vergleichst du dich mit den anderen?*

- *Mit wem vergleichst du dich?*

- *Wann sagst du „Ja", obwohl du lieber etwas anderes machen würdest? Wozu möchtest du öfters „Nein" sagen?*

- *Welche Handlungen oder Entscheidungen triffst du aus Schuldgefühlen? Was könntest du stattdessen tun?*

Selbstvertrauen und Mut
fangen dort an, wo der
Vergleich aufhört.

Mut & Kraft

weniger	mehr
Selbstzweifel	Selbstvertrauen
Angst	Vertrauen
Komfortzone	Mut
Stillstand	Visionen
Äußerer Druck	Innere Kraft
Kritik	Anerkennung
Ausreden	Motivation

TEIL 3

Strategien für mehr Mut & Kraft

Dein Weg zu mehr Mut

Wie wirst du nun mutiger und stärker? Die Antwort ist: fange mit kleinen Schritten, Entscheidungen und Handlungen an und steigere sie allmählich, Schritt für Schritt. Kontinuierlich.

Je öfter du dich diesen Aufgaben stellst, umso einfacher werden sie für dich. Gleichzeitig werden dir die nächst größeren Herausforderungen leichter fallen und du wirst daran wachsen.

Versuche, dich jeden Tag ein kleines bisschen herauszufordern.

Mit Hilfe dieser Strategie der kleinen Schritte trickst du dein Gehirn aus. Mit kleinen, scheinbar unbedeutenden Handlungen umgehst du indirekt deine Ängste, Ausreden und Blockaden, die dir oft bei großen Schritten im Weg stehen.

Auf diese Weise führen kleinste Veränderungen und Handlungen ganz einfach und natürlich zum Erfolg.

Am Anfang brauchst du Mut

Mut zum Handeln erfordert Selbstvertrauen. Gerade am Anfang eines Vorhabens spüren wir die meisten Ängste und Selbstzweifel. Um diese zu überwinden, muss die Motivation größer sein als deine Bedenken.

Je mutiger du wirst, umso mehr traust du dir zu. Je mehr du dir zutraust, desto mutiger wirst du.

Nur, wenn du dich ganz auf ein Ziel konzentrierst und aktiv handelst, wirst du mit Ergebnissen und Resultaten belohnt.

Keine Aktion = Keine Resultate

Ziele und Visionen helfen dir, dich zu fokussieren und deinen Mut zu stärken, um vorwärtszukommen. Sie treiben dich an und motivieren dich, deine Komfortzone zu verlassen.

Wenn du weißt, wohin du gehen möchtest und warum, wirst du stärker sein, als deine Zweifel und Unsicherheit. Indem du deine Träume verfolgst, wirst du dein Selbstvertrauen und deinen Mut auf eine natürliche Art und Weise stärken. Aber erwarte nicht zu schnell zu viel von dir: Innere Veränderung und Transformation brauchen Zeit.

Du bekommst
im Leben das,
wonach du
den Mut hast,
zu fragen.

Übung

**Beantworte folgende Fragen
in deinem Notizheft**

- *Welche Ziele in deinem Leben sind dir wichtig?*

- *Was möchtest du in den nächsten fünf und zehn Jahren erreichen?*

- *Welche Fähigkeiten und Kenntnisse sind hierfür erforderlich?*

Erstelle ein Vision Board

Was du benötigst:

Vision Board (Plakat oder eine Pinnwand), Zeitschriften, Schere, Kleber (oder Pins), bunte Stifte und zwei bis drei Stunden Zeit.

Definiere, welche Lebensbereiche für dich wichtig sind und welche Visionen du verwirklichen möchtest. Suche dazu Bilder in den Zeitschriften, die du ausschneiden und auf dein Vision Board aufbringen kannst. Füge Überschriften und Affirmationen hinzu, die dich motivieren.

Anschließend kannst du deine Traum-Collage an einem Ort platzieren, an dem du sie täglich ansehen und dich hineinfühlen kannst.

Ziele umsetzen

Schaue dein Vision Board regelmäßig an und gehe aktiv an die Umsetzung heran. Folgende Fragen helfen dir, ins Handeln zu kommen:

**Welche Vorhaben möchte ich
als Nächstes realisieren?**

Was brauche ich dazu?

**Welche drei Schritte kann
ich heute umsetzen?**

Kenne deine Stärken

Je besser du dich kennst, desto einfacher wird es dir fallen, deine Stärken und Fähigkeiten zu nutzen. Selbstbewusstsein beginnt mit der Erkenntnis, was dich als Person ausmacht und wie du deine Werte, Prinzipien und dein wahres Ich leben kannst.

Wenn du dir deiner Stärken bewusst bist, bist du auf die Anerkennung anderer nicht angewiesen.

Indem du dein Potenzial erkennst, kannst du viel bewusster und mutiger handeln.

Beobachte in deinem Umfeld, wo andere deine Stärken sehen. Nimm wahr, was sie an dir bewundern. Oft haben Außenstehende eine weitere Sicht auf dich und können Fähigkeiten in dir erkennen, die du bisher nicht entdeckt hast.

Naturtalent

Übung macht den Meister.
Ein „Naturtalent" gibt es in dieser
uns bekannten Form nicht.
Zu einem „Naturtalent" wird man
durch die Kombination aus Übung,
Erfahrung, Neugier und endloser Freude
an der Tätigkeit.

Deine Stärken und deine Interessen
geben dir einen Hinweis darauf,
wo sich dein „Naturtalent" verbirgt
und wie du es ausbauen und
vertiefen kannst.

Dein Booster

Deine Stärken zu kennen und
zu nutzen heißt, dich auf etwas
zu konzentrieren, was dir leicht fällt.
Du bist besser oder schneller als
andere und vor allem hast du Freude
und Spaß an dem, was du tust.

Auf diese Weise wirken deine Stärken
wie ein Booster, der deine Produktivität
steigert und gleichzeitig glückliche
und zufriedene Emotionen hervorruft.

Dein Flow

Im Flow zu sein, bedeutet, eine Tätigkeit auszuführen, die einen innerlich erfüllt und gleichzeitig Energie sowie Kraft gibt, anstatt auszulaugen und zu erschöpfen.

Deine Stärken basieren auf deinen Talenten und besonderen Fähigkeiten. Je mehr du diese ausbaust und weiterentwickelst, desto häufiger kommst du in deinen Flow.

Übung

Beantworte folgende Fragen in deinem Notizheft

- *Welche Stärken und Fähigkeiten zeichnen dich aus?*

- *Wie kannst du sie in deinem Leben gewinnbringend einsetzen?*

- *Welche deiner Eigenschaften werden von deinem Umfeld bewundert?*

- *Welche Erfolge hast du in der Vergangenheit erzielen können?*

Deine Stärken
erkennst du,
indem du deine
Grenzen bezwingst.

———.———

Wenn alles gut geht

Oft befürchten wir, dass etwas schiefgeht. Diese Denkweise schwächt die Motivation und den inneren Antrieb. Heute lernst du eine Strategie, die dir hilft umzudenken. Du lernst, wie du dir Szenarien ausmalst, in denen alles gut gehen wird.

Wechsele nun die Perspektive und beantworte folgende Fragen:

**Was ist das Beste, was in
meinem Leben passieren könnte?**

Was könnte mir richtig gut gelingen?

**Wie kann sich mein Leben
zum Besseren wenden?**

Kleine Taten, große Wirkung

Wenn wir an mutige und starke Persönlichkeiten denken, assoziieren wir damit oft große, besondere und außerordentliche Taten. Tatsächlich kannst du deinen Mut und deine Stärke in kleinen und alltäglichen Dingen wiederfinden und vertiefen.

Betrachte diesen Prozess wie eine Pflanze: durch zu viel Gießen und Ziehen wird sie nicht schneller wachsen. Um zu reifen, benötigt sie ihre Zeit und regelmäßige Pflege, genauso wie du.

Du musst nicht jeden Tag außergewöhnliche Handlungen durchführen, um mutiger zu werden. Vielmehr kannst du deine Kraft und dein Selbstvertrauen stärken, indem du dir erlaubst, mehr du zu sein und nach deinen eigenen Vorstellungen zu leben.

Je authentischer und echter du dein wahres Ich zeigen kannst, desto natürlicher wird es für dich sein, selbstbewusst und mutig durch das Leben zu gehen.

Kleine, *mutige* HANDLUNGEN

- ✓ Sprich eine fremde Person an und frage nach dem Weg.

- ✓ Melde dich zuerst in einem Meeting.

- ✓ Sprich lauter als sonst.

- ✓ Setze dich freiwillig in die erste Reihe.

- ✓ Nimm einen anderen Weg zum Einkaufen oder zur Arbeit.

- ✓ Spreche / singe vor einer Gruppe.

- ✓ Lerne etwas Neues.

Übung

**Beantworte folgende Fragen
in deinem Notizheft**

- *Wie kannst du kleine, mutige Handlungen in deinen Alltag integrieren? Nimm dir vor, deinen Mut mit kleinen Handlungen zu stärken.*

- *Plane in deinem Kalender für die nächste Woche drei kleine, mutige Handlungen ein.*

- *Wie kannst du dich für eine mutige Tat belohnen?*

- *Welchen Zielen kommst du dadurch näher?*

Sei dein größter Fan!

Es ist sehr einfach, eigene Fehler und Schwächen zu sehen und zu denken, dass wir etwas nicht können. Wir vergleichen uns oft mit den anderen, um festzustellen, dass wir noch nicht gut genug sind. Aber es wird immer Menschen geben, die schneller, besser oder erfolgreicher sind.

Dabei vergessen wir, dass jeder von uns sein eigenes Tempo hat, unterschiedliche Ziele verfolgt und andere Vorstellungen vom Leben hat.

Es ist von großer Bedeutung aus diesem Kreislauf auszusteigen und anzufangen, dich selbst zu feiern für das Leben, das du heute führst, unabhängig davon, wo du stehst. Du selbst entscheidest, was es für dich bedeutet, Erfolg zu haben.

Dein Fan zu sein, bedeutet Begeisterung, Faszination zu spüren und Zeit sowie andere Ressourcen zu investieren, weil du es dir wert bist. Du feierst dich selbst für Erfolge und gehst mutig den Herausforderungen entgegen, weil du an dich glaubst.

Ich möchte, dass du heute dein größter Fan wirst. Schenke dir selbst Bewunderung für deine Art zu sein, zu denken, zu fühlen. Erkenne deine Stärken und Fähigkeiten.

Du bist einzigartig und du bist gut genug, um dein größter Fan zu sein!

Fan Affirmationen

Ich bin stark und
ich kann alles schaffen.

Ich kann jede
Herausforderung meistern.

Ich glaube an mich selbst.

Ich bin stolz auf meine
Fähigkeiten und Talente.

Ich lerne gerne etwas Neues
und verlasse meine Komfortzone.

Ich verdiene es,
meine Träume zu verwirklichen.

Übung

Führe folgende Aufgaben in deinem Notizheft durch

- *Schreibe ganz oben auf das Blatt: „ICH KANN…"*

- *Schreibe deinen Namen in die Mitte des Blattes.*

- *Gehe nun das Alphabet durch und notiere rund um deinen Namen alles, was du kannst. Von A wie Apfelkuchen backen bis Z wie Zaun streichen.*

Dein Körper als Coach

Dein Körper verrät mehr über dich, als du denkst. Deine Körpersprache spiegelt deine innere Haltung durch deine äußere Haltung. Wenn du dich aufrecht hältst, strahlst du auch nach außen hin mehr Selbstvertrauen aus und signalisierst durch die nonverbale Kommunikation, dass du dich sicher fühlst.

An der Körperhaltung, wie insbesondere dem aufrechten Gang, erkennt man Selbstvertrauen und Stärke. Durch die bewusste Einnahme dieser Position kannst du deinen Körper als Coach nutzen. Jedes Mal, wenn du aufrecht sitzt und gehst, signalisierst du deinem Verstand, dass du dich sicher fühlst.

Auch der Augenkontakt gehört zu der nonverbalen Kommunikation. Weichst du ihm aus, zeigst du deinem Gegenüber deine Unsicherheit. Versuche beim nächsten Gespräch den Augenkontakt bewusst, solange wie möglich aufrechtzuerhalten. So begegnest du deinem Gesprächspartner auf Augenhöhe und stärkst dein Selbstvertrauen.

Diese regelmäßigen körperlichen Übungen werden langfristig einen positiven Einfluss auf deine innere Haltung nehmen.

Deine Körperhaltung beeinflusst deine Gefühle. Deine Gefühle beeinflussen deine Körperhaltung.

Power Pose:

Nimm zwischendurch immer mal wieder
für eine Minute die Power Pose ein,
um die innere Stärke zu aktivieren.

superheld

Stelle deine Füße schulterbreit
auf, Brust nach vorne und die
Hände auf die Hüfte.

sieger

Mache einen Ausfallschritt nach
vorne, strecke deine Hände
nach oben und forme ein V.

Übung

Beantworte folgende Fragen in deinem Notizheft

- *Denke an eine unsichere und verängstigte Person. Welche Körperhaltung nimmt sie ein? Wie spricht sie? Was strahlt sie aus?*

- *Denke an eine selbstbewusste und mutige Person. Welche Körperhaltung nimmt sie ein? Wie spricht sie? Was strahlt sie aus? Was davon möchtest du für dich übernehmen?*

- *Was möchtest du an deiner Körpersprache verändern? Wie möchtest du dich fühlen?*

Stärker als gestern

Jeden Tag hast du die Chance, ein Stückchen mutiger und stärker zu werden als gestern. Jeden Tag hast du die Möglichkeit, etwas zu verändern und besser zu werden.

Mit jedem Tag gewinnst du neue Erfahrungen und sammelst Erkenntnisse, die unwillkürlich dazu beitragen, dass du dein Wissen und deine Fähigkeiten erweiterst. Du kannst also gar nicht anders, als stärker und besser zu werden als am Tag zuvor.

Diese Sichtweise stärkt deine innere Kraft und lässt alle Selbstzweifel leiser werden.

Erinnere dich jeden Morgen an diese wunderbare Chance.

Neuer Tag.
Neue Gedanken.
Neue Stärken.
Neue Möglichkeiten.

Mutig vorwärts

Ich bin mir sicher, du hast bereits viele Fortschritte gemacht und wirst weiterhin neue Erkenntnisse für dich entdecken. Denn die Stärkung deines Mutes und der inneren Kraft ist ein fortlaufender Prozess, täglich wachsen und entwickeln wir uns weiter.

In diesem Buch hast du einige Anregungen und Impulse erhalten, wie du mehr Mut und Kraft in dein Leben bringen kannst.

Erlaube es dir, deinen Weg in deinem Tempo zu gehen und habe Freude auf dieser Reise!

DU BIST *stark!*

Du schaffst es.

Glaube an dich.

Mut & Kraft

Du bist großartig.

Du kannst es.

Danke!

Alina Pom ist Autorin, Coach und Expertin für Manifestation und Mindset Transformation. Sie vereint transformative Psychologie mit Spiritualität, um lebensverändernde, ganzheitliche Inhalte und Methoden für die einzelnen Lebensbereiche zu erschaffen.

Ich freue mich, wenn ich dich auf deiner Reise zu deinem absoluten Traumleben weiter begleiten darf.

Alina Pom

Mehr unter:
www.alinapom.de
Instagram: @alinapom.manifestationmind

Weitere kleine Anleitungen von Alina Pom

für ein gutes Leben

Glück und Zufriedenheit hängen zu einem großen Teil von unserer Einstellung ab. Denn das Glas ist weder halbvoll noch halbleer – das Glück besteht in der Fähigkeit, sich zu freuen, ein Glas zu haben.

GTIN: 978-3-8485-0156-4

Wie kann ich ruhiger und gelassener werden, obwohl ich viel zu tun habe? Wie kann ich inmitten eines Berges von Alltagspflichten zu einer guten Work-Life-Balance finden? Coaching-Tipps für mehr Ruhe, Gelassenheit und Achtsamkeit im Alltag.

GTIN: 978-3-8485-0157-1

Praktische Übungen erklären wie Selbstliebe entsteht und was du tun kannst, um dich selbst anzunehmen und dein Selbstbewusstsein zu stärken. So lernst du, Stück für Stück zu mehr Selbstliebe und Zufriedenheit zu finden.

GTIN: 978-3-8485-0153-3

Jeder Titel
10,6 x 13,6 cm
112 Seiten
€ 10,00 (D) · € 10,30 (A)

GROH.DE

Idee und Konzept: GROH Verlag. Das Werk einschließlich seiner Teile ist urheberrechtlich geschützt. Jede Verwertung außerhalb der engen Grenzen des Urheberrechtsgesetzes ist ohne Zustimmung des Verlages unzulässig und strafbar. Das gilt insbesondere für Kopien, Einspeicherung und Verarbeitung in elektronischen Systemen.

Bildnachweis: Svetolk/Shutterstock.com, Olga Strel/Shutterstock.com, yugoro/Shutterstock.com.

Layout: Doris Wohofsky, Dipl. Grafik-Designerin

Gesamtherstellung: AZ Druck und Datentechnik GmbH, Kempten

Aus Verantwortung für die Umwelt hat sich die Verlagsgruppe Droemer Knaur zu einer nachhaltigen Buchproduktion verpflichtet. Der bewusste Umgang mit unseren Ressourcen, der Schutz unseres Klimas und der Natur gehören zu unseren obersten Unternehmenszielen. Gemeinsam mit unseren Partnern und Lieferanten setzen wir uns für eine klimaneutrale Buchproduktion ein, die den Erwerb von Klimazertifikaten zur Kompensation des CO_2-Ausstoßes einschließt.

Weitere Informationen finden Sie unter: www.klimaneutralerverlag.de

Mut & Kraft – Kleine Anleitung für ein gutes Leben
GTIN 978-3-8485-0154-0
© 2022 Groh Verlag. Ein Imprint der Verlagsgruppe
Droemer Knaur GmbH & Co. KG, München
www.geschenkverlage.de

MIX
Papier aus verantwor-
tungsvollen Quellen
FSC® C008457